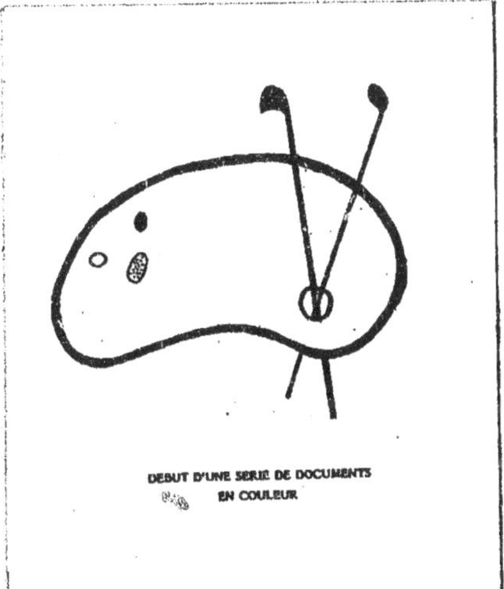

DEBUT D'UNE SERIE DE DOCUMENTS
EN COULEUR

Couverture inférieure manquante

DE L'AFRIQUE CENTRALE

OU

VOYAGE

DE S. A. MOHAMMED-SAÏD-PACHA

DANS SES PROVINCES DU SOUDAN.

NOTES ET IMPRESSIONS

PAR

LE DOCTEUR ABBATE

MÉDECIN A SA SUITE

Forsan et hæc olim meminisse juvabit.
(VIRGILE.)

PARIS

TYPOGRAPHIE DE HENRI PLON,
IMPRIMEUR DE L'EMPEREUR
8, RUE GARANCIÈRE

1858

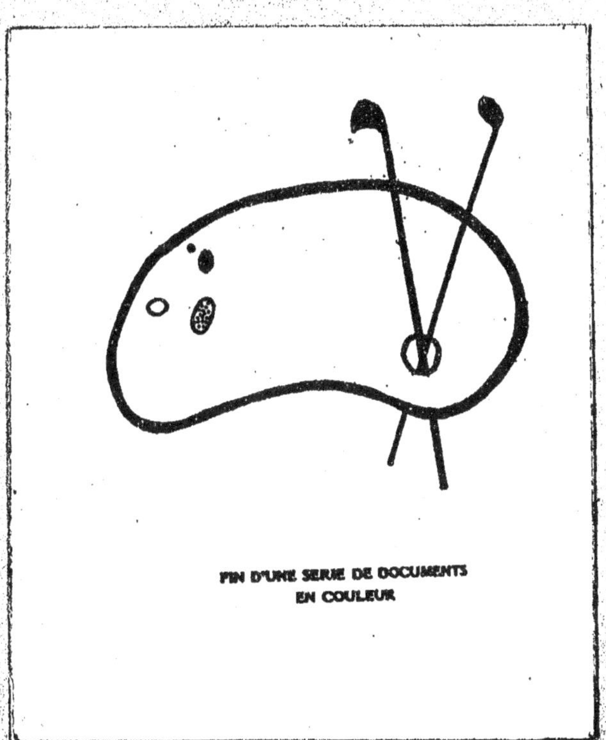

FIN D'UNE SERIE DE DOCUMENTS
EN COULEUR

DE L'AFRIQUE-CENTRALE

OU

VOYAGE

DE S. A. MOHAMMED-SAÏD-PACHA

DANS SES PROVINCES DU SOUDAN.

—

NOTES ET IMPRESSIONS

PAR

LE DOCTEUR ABBATE

MÉDECIN A SA SUITE

Forsan et hæc olim meminisse juvabit.
(VIRGILE.)

PARIS

TYPOGRAPHIE DE HENRI PLON

IMPRIMEUR DE L'EMPEREUR

8, RUE GARANCIÈRE

—

1858

A SON ALTESSE

MOHAMMED-SAÏD-PACHA, VICE-ROI D'ÉGYPTE,

ETC., ETC.

ALTESSE,

Depuis mon retour du voyage dans le Soudan, que j'ai eu l'honneur de faire, comme admis à votre suite, bien des fois j'ai éprouvé le désir de vous dédier les impressions que j'ai ressenties pendant la traversée de ces contrées qui m'étaient totalement inconnues.

C'est aujourd'hui que tous vos sujets célèbrent à l'envi l'anniversaire de la naissance de Votre Altesse. J'ai cru que je ne pouvais mieux choisir que de profiter de cette heureuse circonstance pour prier Son Altesse d'agréer la dédicace de ce faible témoignage de tout le dévouement qu'elle a su m'inspirer pour tout ce qui peut contribuer à sa gloire.

Le but que je me suis proposé est que l'on se rappelle toujours avec bonheur que l'année 1822, qui vit annexer à l'Égypte les provinces soudaniennes par la force des armes, vit naître le Prince illustre qui, en 1857, devait, par des liens bien plus sûrs, ceux des idées, des affections et des volontés libres, établir entre les populations de ces provinces et l'Égypte une union indissoluble.

Je regrette seulement que mon talent ne se soit pas trouvé à la hauteur nécessaire pour faire sentir à tous, d'une manière éclatante, que les réformes dont je parle ont placé Votre Altesse au rang des Princes dont la mémoire ne périt jamais.

J'ai l'honneur d'être avec un profond respect, de Son Altesse,

Le très-humble et très-obéissant serviteur,

O. ABBATE.

Alexandrie, février 1858.

DE L'AFRIQUE CENTRALE

ou

VOYAGE

DE S. A. MOHAMMED-SAÏD-PACHA

DANS SES PROVINCES DU SOUDAN.

— ◆ —

Le 10 février 1857, S. A. Mohammed-Saïd arriva à Kartoum.

Depuis son départ du Caire, le 27 novembre 1856, personne ne connut les intentions du vice-roi pour ce premier voyage au Soudan. Les apparences mêmes étaient de nature à faire supposer des projets guerriers, des exploits militaires. Une armée de cinq mille hommes le suivit presque à moitié chemin, avec armes et bagages. Les ordres envoyés pour faire suspendre les mouvements ultérieurs firent croire d'abord que le Vice-roi renoncerait à son projet, et reviendrait sur ses pas à moitié du grand désert de Korosko.

Son Altesse, cependant, arrivée à Berber, et tout en poursuivant sa route, appelle tous les chefs et leur ordonne de le rejoindre à Kartoum, lieu de rendez-vous général ;

1.

déclare verbalement l'abolition de l'esclavage, renvoie dans leurs foyers les soldats de la garnison, et confie la ville et le pays aux lois, à la modération et à la bonne entente entre le gouverneur et ses subordonnés.

Comme on le voit, la route choisie par le vice-roi est celle de Korosko, qui exige dix jours de marche, sous la latitude de 4 à 5 degrés géographiques, suivant les détours du Nil, et les difficultés presque innombrables des cataractes et des rapides, entre les rochers et les masses de granit qui encombrent le fleuve.

La voie du désert de Korosko, quoique très-pénible, est la plus courte et la moins dangereuse. Les caravanes, à présent, la suivent en toute sûreté, dès qu'on a confié aux Arabes Ababdés le soin de guider les voyageurs, et qu'on a eu celui de leur fréter les chameaux nécessaires.

L'autre route, que suivent quelquefois encore les caravanes, et qui était auparavant la seule préférée, a pour point de départ le désert d'Assouan, est exploitée par les Arabes Bichariens, et est presque parallèle à celle de Korosko. Elle exige de seize à dix-huit jours de pénible marche, se prolonge directement jusqu'à Berber. Bruce, en 1772, et Burckhardt, en 1814, suivirent cette dernière. La voie de Korosko a pour avantage deux relâches ; aux puits à Bir-Murrad, et au Nil à Abou-Hamed, avant d'arriver à El-Mekerif ou Berber, limite du désert. Mohammed-Ali, en 1839, suivit cette route, à son retour du Soudan.

Le désert de Korosko tire son nom du petit village de Korosko, situé au point du départ sur la rive droite du Nil.

Entouré de montagnes peu élevées, quelquefois endogènes, le village de Korosko est le grand port du désert, l'*emporium* où aboutiront désormais toutes les marchandises de l'intérieur. Des Nubiens et des Ababdés habitant quelques petits hameaux, et ayant toujours prêts un grand nombre de chameaux, forment sa population. Les femmes y sont plus sédentaires que les hommes, obligées qu'elles sont de fournir par le travail de leurs mains les choses nécessaires à la vie.

A Korosko (à 22° 30′ lat. N.), quoique ce village soit éloigné de presque un degré du Cancer, cependant, comme il est placé sous l'influence même de la région du tropique, j'ai pu observer avec étonnement les phénomènes admirables des oscillations barométriques, marquées par de savants voyageurs, dans de semblables latitudes. J'ai suivi en conséquence, pendant quelques jours, attentivement, les variations horaires du baromètre (1), qui m'ont donné les deux *maxima* de 9 heures à 9 heures et quart du matin, et de 10 heures trois quarts à 11 heures du soir, et les deux *minima* de 4 heures à 4 heures un quart du soir, et vers les 4 heures du matin (2).

On comprend que le baromètre, commençant à s'élever vers les 4 heures du matin, monte à son *maximum* vers les 9 heures, et à partir de ce moment, commence à s'abaisser pour arriver à son *minimum* à 4 heures du soir. A cette heure, il commence à s'élever pour arriver à son second *maximum* à 11 heures, puis, retourner s'abaisser une autre fois, à son second *minimum*, vers les 4 heures du

---

(1) J'ai fait les observations régulièrement, et les ai fait constater par mon ami M. Sneitter, ingénieur du Waterstaadt en Hollande, qui vint avec nous jusqu'à Korosko.

(2) Dans le désert, je n'ai pu répéter les observations que le soir. Au delà des puits, après trois observations, j'ai trouvé le *maximum* du soir fixé à 11 heures.

matin. Les *maxima* et les *minima* suivent les heures les plus chaudes et les plus froides de la journée. Leur régularité est tellement fixe et invariable, que le baromètre peut indiquer les heures à sa simple inspection, sans l'aide d'une montre ; on ne pourrait tout au plus trouver, en moyenne, qu'une erreur de 15 à 17 minutes. Dans mes trois observations au milieu du désert, je puis affirmer avec toute certitude avoir déterminé l'heure précise de 11 heures, seulement avec une erreur, en moyenne, de 3 minutes, erreur due plutôt à ma montre qu'au baromètre (1).

La moyenne du baromètre était de 755^{mm}, et celle du thermomètre de 21° Réaumur.

Les régulières oscillations barométriques sont tellement les mêmes, à toutes températures et à tous niveaux, dans les régions tropicales, que ni les orages, ni les tremblements de terre, ni les pluies ne peuvent les .troubler. L'illustre savant Humboldt (2) marque que l'amplitude des oscillations diurnes décroît de 2^{m}98 à 0^{m}41^{mm}, depuis l'équateur jusqu'au 70e parallèle de latitude nord ; et se rapprochant ainsi des idées de Bravais, Kaenitz et Martins, exclut l'opinion que, dans les stations rapprochées des pôles, la hauteur barométrique soit plus faible à 10 heures du matin que vers 4 heures du soir ; chose qui établirait une inversion complète des *maxima* et des *minima* ; du reste, les observations du capitaine Parry, au port Bowen

---

(1) Il est bien difficile, et surtout en voyage, de faire les délicates observations des variations périodiques du baromètre, les plus sensibles oscillations des *maxima* et des *minima* étant de 2 millimètres.

(2) Voyez *Relation historique du voyage aux régions équinoxiales*, t. III. Observations faites pour constater la marche des variations horaires du baromètre sous les tropiques.

(73° 14'), confirment ces opinions par des expériences réitérées.

La cause de la régularité des variations horaires du baromètre est due au peu de changements brusques dans la pression de l'atmosphère sous les tropiques, chose qui n'a pas lieu dans les autres zones, où, par les deux courants opposés de la surface du globe et des hautes région du ciel, s'engendrent les phénomènes de pression atmosphérique, d'après le changement de température et l'état hygrométrique de l'air (1).

Avant de quitter Korosko, nous visitâmes une montagne à l'ouest de ce village, tout près du Nil, où se déroulent ces masses quartzeuses, remplies d'une quantité de petits rubis, dont moi-même j'ai recueilli quelques-uns sur le sable, comme souvenir de la localité. Nous appelâmes dorénavant cette montagne montagne des Rubis. Ces petits quartz, exploités, pourraient servir à l'usage des montres à cylindre ; peut-être pourrait-on en trouver d'une grosseur plus considérable que ceux que j'ai vus ou recueillis ; peut-être même, en suivant la pente des rochers, trouverait-on d'autres combinaisons d'oxydes.

A l'entrée du désert de Korosko, on est surpris en apercevant un nombre considérable de petits cailloux sphé-

---

(1) J'ai répété plusieurs fois les observations ozonométriques de Schoenbein, et je n'ai pas remarqué de sensibles variations dans les conditions de l'atmosphère. En quittant toute la contrée déserte, et en amont de Berber, les papiers ozonométriques que j'avais préparés avec du prussiate jaune de potasse m'ont démontré un très-sensible changement dans la couleur en prussiate rouge.

riques qui méritent l'attention du géologue. Leur grosseur varie entre celle du noyau de cerise et celle de la noix. Ils se présentent sous la forme de petites boules, et quelquefois sont réunis en groupes très-durs, grisâtres, plomb foncé, ou bruns et noirs. On est tenté, à première vue, de les croire des *fulgurites* ou bien des *dérolithes*. Brocchi dans son ouvrage (*Giornale delle osservazioni fatte nei viaggi in Egitto, nella Siria, e nella Nubia*) en parle ainsi : « Codesta arenaria va sovente unita a considerevoli
» dosi di ossido nero di ferro, per cui diviene molto
» pesante e di color ferrigno. Nel deserto s'incontrano
» sovente pezzi di tale arenaria ferruginosa, conformati in
» pallottole sferiche di varie grandezze, da quella di una
» ciliegia fino alla grossezza di un pugno; alcune di esse
» spezzate, mi presentarono una specie di nocciolo della
» stessa arenaria di color bianco. Simili pallottole si sono
» formate come le concrezioni; e difatti nei luoghi mede-
» simi incontrai pezzi della stessa arenaria di forma botri-
» tica. » En les rompant avec force, on trouve dans leur intérieur du sable pur ou de l'oxyde de fer; et dans ces petites molécules, à l'écorce extérieure très-serrée et très-dure, on observe une gradation de cohésion très-prononcée, suivant les couches, de dedans en dehors. Je me rappelle que plus d'une fois, en passant d'une main dans l'autre ces petits cailloux, je les ai comparés à des mondes microscopiques, tout en réfléchissant, abstraction faite de tout ce qui m'entourait, à la grande force de cohésion, cette puissante loi de l'univers !

A deux journées de Korosko, en suivant, entre des rochers et des vallées arides, un chemin très-difficile, on passe près d'un puits, *Eugab-Gawab,* que Mohammed-Ali fit creuser, pour y faire écouler les eaux dans la saison des pluies. Mais l'eau, ou manquait, ou, ce qui arrivait souvent, était saumâtre et désagréable ; maintenant ce puits est tout à fait abandonné.

A l'extrémité des montagnes, à l'entrée du grand désert proprement dit, où les sables à perte de vue se confondent avec les lignes lointaines de l'horizon, est l'endroit appelé *Bab-Korosko* (1).

Le troisième jour, on se trouve dans la véritable mer sans eau, comme disent les Arabes en parlant de tous les déserts de sable, et comme l'indique bien le nom de celui de *Bahr-bela-moia*, que nous allions traverser (2).

C'est quelque chose de grand, de surprenant, d'immense, le désert ! Ciel ardent, terre embrasée, hommes noircis, désolation dans le ciel, sur la terre, parmi les hommes ! L'Océan avec ses vagues, ses tempêtes, ses grands orages, vous entoure toujours de mouvement et

---

(1) Ici, des cartes, quoique très-exactes du reste, offrent un fait d'une remarquable variation : c'est que les montagnes y sont limitées à une vallée continue, tandis qu'elles s'étendent très-haut et à perte de vue à l'est et à l'ouest du désert.

(2) C'est en général ainsi qu'on appelle le désert sablonneux. Dans la riche langue arabe, on entend par steppe (*tanufah*), le désert, soit tout nu, soit couvert de sable siliceux, et parsemé de loin en loin de quelques pâturages (*Sahara, tih, mehme*). Le *Sahl* est une plaine basse. Le *Dakkah* est une plaine élevée (plateau), déserte. Le mot *Sahara*, généralement appliqué aux déserts, est par antonomase donné au grand désert qui part de la Libye et se poursuit vers l'occident de l'Afrique. Ainsi *Gobi*, qui en langue mongole signifie désert aride, est le nom, par antonomase, du grand désert de l'Asie.

Les *oasis* sont les îles cultivées, verdoyantes de ces mers de sable. Le mot *oasis* est égyptien ; il a la même signification que *auasis* et *hyasis* (Strabon, l. ii, l. xvii. — Hérodote, t. VI, l. iii). Aboul-Féda appelle l'oasis *el-wah*. — Sous les derniers empereurs romains, on y envoyait les criminels, parce qu'il était difficile, pour ne pas dire impossible, de s'en échapper, à cause des mers de sable environnantes. — Voyez Leg. VII, Dig. *De interdictis et relegatis*, sect. 1. — Sozomène, *Hist. eccles.*, VIII.

de vie : tandis que le désert immense, monotone, nullement troublé dans son repos sépulcral, vous isole, vous anéantit, et effraye la pensée par l'idée du vaste et de l'infini, dans ses limites inappréciables. L'homme, s'il n'avait la conscience d'une chose connue, n'aurait point dans le désert la confiance au sol qui le soutient. Du manque de végétaux doit nécessairement s'ensuivre le manque d'animaux : et le besoin perpétuel qui existe entre le règne animal et le règne végétal n'ayant pas lieu dans le désert, il en résulte cet état d'isolement, d'abandon, où l'homme reste muet et absorbé au milieu du silence sublime qui l'entoure. — Les Hébreux, à juste raison, appelèrent les sépultures des morts *Douma*, le silence !

Aucune rosée ne rafraîchit ces surfaces arides, ni ne développe dans le sein brûlant de la terre le plus petit germe de la vie végétale.

De toutes parts s'élèvent perpendiculairement des colonnes d'air embrasé, qui dissolvent les vapeurs et chassent les nuages. Le manque de pluie et l'absence de végétaux ont une action réciproque ; car s'il ne pleut point, c'est aussi parce que la plaine sablonneuse, nue, dépourvue de végétation, s'échauffe davantage et rayonne plus de chaleur. Les anciens, sans aucun doute, ont tiré leurs idées exagérées sur la *zone torride* des déserts de l'Afrique. Selon leur philosophie, qu'ici je ferais mieux d'appeler *philosophème* (1), ils appelèrent *zone torride* la partie des tropiques du côté de l'Éthiopie ; ainsi Possidonius, Ératosthène, Strabon et Parménide (2).

---

(1) *Philosophème*, ou dogme *à priori*, dont les anciens n'avaient aucune expérience ou connaissance précise.

(2) Cicéron, suivant les idées de son temps, déclare *inhabitable* la zone torride. Voyez *Somn. Scip.*, c. 6. — Macrobe, l. ii, c. 5, *Comment. ad*

En vérité, la grande chaleur dans ces parties du désert serait tout à fait étouffante et insupportable, si, dans l'homme et dans les animaux, le peu de conductibilité de la chaleur n'empêchait le calorique de se propager au dedans du corps, et ainsi de donner la mort. La température de l'intérieur du corps humain reste presque toujours à 37° C., ou à peu près, l'air extérieur n'ayant que très-peu d'influence sur l'air intérieur, attendu que la peau, le tissu cellulaire et la graisse sont de très-mauvais conducteurs du calorique. Par cette raison, les ouvriers qui entrent dans les fabriques de plâtre, et dans des fours où le thermomètre s'élève à 200 degrés, c'est-à-dire à une température plus élevée que celle de l'eau bouillante, n'ont à supporter qu'une élévation de chaleur de 2 à 3 degrés (1).

Ce qui rend plus insupportables de telles températures, c'est le calme parfait qui règne pendant le temps des

---

Cicer. — Pomponius Mela : *De situ orbis*, c. 1. *Terra zonis quinque distinguitur, mediam æstus infestat.* — Pline : *Quum sint cœli quinque partes, quas vocant zonas,...... media vero terrarum, qua solis orbita est, exusta flammis et cremata, cominus vapore torretur,* Hist. nat. II. — Lucrèce appelle, v. 205, *fervidus ardor,* la grande chaleur des tropiques.

Virgile, *Georg.*, liv. I, 233 :

> Quinque tenent cœlum zonæ, quarum una corusco
> Semper sole rubens, et torrida semper ab igni.

Horace, l. I, ode 22 :

> Pone me. . . . .
> . . . .
> Pone sub curru nimium propinqui,
> Solis in terra dominus negata.

> . . . .

Du reste, Ovide, *Met.*, l. XLV. — Tibul., IV l. — Lucan., III.

(1) Cependant on doit prendre soin de n'avoir sur soi aucun objet métallique. Un homme qui était entré dans un de ces fours avec des lunettes a eu le nez brûlé par la fusion presque instantanée du métal.

chaleurs. Si l'air est en mouvement, l'effet du réchauffement devient plus intense, parce que chaque particule de calorique qui passe sur les corps s'y dépose et s'y accumule. C'est du reste par le rayonnement que la chaleur se propage en tous sens, et que les particules en mouvement de courants ascendants empêchent une trop grande élévation de la température du sol (1).

De même que la conductibilité du corps humain, la conductibilité de la terre est très-faible. A la profondeur d'un mètre, la température du sol reste la même, tant le jour que la nuit; à 8 mètres, la différence entre l'été et l'hiver arrive tout au plus à 1° 5'. Cela prouve avec quelle lenteur la chaleur pénètre dans le sol.

Quant aux hommes et aux animaux qui traversent les déserts, j'ai observé et je me suis convaincu par des raisonnements scientifiques, que les hommes de couleur noire ou foncée sont moins exposés que les blancs aux souffrances de la chaleur. En effet, quoique la couleur noire absorbe la chaleur du soleil en proportion plus que la blanche, néanmoins ses rayons se propagent avec plus d'affinité sur la peau des noirs, n'y produisent aucune espèce de brûlure, de cuisson ou de boursouflure, tandis que, la peau blanche absorbant moins la chaleur, les rayons du soleil restent à sa surface, la brûlent, et y produisent des phlyctènes (2).

Le visage des voyageurs blancs est brûlé, tandis que celui des noirs reste presque dans l'état normal. Par les

---

(1) C'est, autrement, la convexion du calorique (*convection* des physiciens anglais, du latin *cum vectus*), ou la propagation du calorique par des courants ascendants.

(2) J'ai fait l'expérience suivante sur les lieux mêmes, après les observations du fait et le raisonnement. En exposant au soleil une main gantée en blanc et l'autre en noir, celle-ci, quoique chaude, avait très-peu souffert et était humide; la blanche était excoriée et sèche.

mêmes raisons, on est plus exposé à souffrir de la lumière directe et mille fois réfléchie des sables avec des yeux iris, teinte claire. Les nègres et tous les habitants de leurs latitudes sont protégés de l'éclair et du tourment du soleil tropical par leurs yeux très-noirs ou très-foncés. On ne remarque jamais parmi les noirs de maladies d'yeux, et on est étonné de l'extension très-remarquable de leur vue perçante (1).

Ce que je viens de dire pour les grandes chaleurs du jour est applicable aux nuits froides, qui, dans le désert, sont très-sensibles à cause de la température opposée, due à la nature du terrain et au rayonnement.

Quand on considère la température élevée de l'air qui enveloppe les déserts, et rend les journées si pénibles, on s'étonne d'autant plus des nuits si froides dont se plaignaient tant Denham et Burnes au milieu des autres déserts de l'Afrique. Le célèbre physicien Melloni (2) attribue la production de ce froid, sans doute dû au rayonnement du sol, non pas à la grande pureté du ciel dans les déserts de l'Afrique, mais au maximum de calme, *manque complet de tout mouvement d'air dans la nuit.*

Pendant l'heure des grandes chaleurs, l'image trompeuse d'une nappe d'eau ondoyante éveille l'attention du voyageur et de l'animal, déjà altérés par une soif ardente; le jeu de la lumière réfractée paraît séparer du sol, par une bande d'air étroite, les caravanes ou quelques îlots de granit lointains; on les voit flotter, par l'effet du mirage,

---

(1) Dans mon *Journal ophthalmologique égyptien*, n° 3, 1852, je signale ces phénomènes pour la vue des Bédouins.

(2) *Memoria sull' abbassamento di temperatura durante le notti pluviose e serene*, 1847. — Voyez Aimé, *Météorologie d'Afrique*, t. II. — Matteucci, *Phys.* — Nobili, *Mem.*

au contact des couches d'air de densités différentes et inégalement échauffées.

Ce phénomène, appelé *mirage* (1) par les modernes, et que les anciens connaissaient sous le nom de *Fata morgana* (2), fait souvent le désespoir de ceux qui sont peu habitués aux voyages dans les déserts, qui présentent alors l'image d'un immense lac dont la surface serait dans un mouvement ondulatoire (3).

Tourmenté par une soif ardente, le chameau, le cou tendu, les naseaux au vent, faisant entendre des gargouillements plutôt qu'une voix, cherche à arriver à l'eau toujours fuyante, pour y éteindre sa soif : plus fatigué et désespérant de l'atteindre, il se résigne à son sort, se jette à terre, s'abandonne, et meurt, épuisé de fatigues et de soif. La route du désert de Korosko est littéralement jonchée de milliers de chameaux momifiés, quoique ce *navire du désert* (*saynet-el-badyet*), ainsi appelé dans les poésies orientales (4), résiste aux traversées du désert plus que tout autre animal, et puisse se passer de boire cinq, six jours de suite. Parmi les cadavres desséchés des chameaux, on rencontre un nombre aussi considérable de cadavres de bœufs, qui moururent presque tous, lorsqu'on en fit passer en Égypte une grande quantité, par le désert de Korosko. Il est désolant de voir à chaque pas un cimetière presque continu d'animaux. Vers les deux points extrêmes du dé-

---

(1) En langue sanscrite il s'appelle *naif de la gazelle*. — Voyez *Relation historique*, t. I, d'A. de Humboldt.

(2) Diodor. de Sicile, l. III, Abud.

(3) Denon, *Voyage en Égypte*, t. I. — Voyez *Mémoire sur l'Égypte*, t. IV.

(4) Voyez Chardin, *Voyage*. — Ch. Ritter, *Mémoires sur la distribution géographique du chameau*, Asie. t. VIII. — Humboldt, *Tabl. de la nature*.

sert, tant au départ qu'à l'arrivée, le nombre des squelettes augmente sensiblement : les pauvres animaux, à grand'peine arrivés presque au terme de leurs souffrances, trouvent la mort par épuisement et par inanition complète.

C'est ainsi que l'homme, dans le désert comme dans tout danger qui le menace, devient égoïste, et n'est sensible que pour ce qui peut mettre son existence en danger. On ne donne aux autres que peu ou rien de l'eau qu'on a avec soi ; on est presque dur et cruel. Dans le désert, par la crainte de manque d'eau, ou des accidents qui peuvent retarder la marche jusqu'aux puits ou au fleuve, on se hâte de suivre son chemin, et on ne fait que peu d'attention aux traînards, aux malades, à personne ; on est inexorable !

Non ti curar di lor ma guarda e passa. Le temps qui s'écoule sans marcher est autant d'eau qui manquera aux souffrances de la soif. J'ai vu attacher sur un chameau, avec des cordes, un homme très-souffrant, pour ne point arrêter la marche de la caravane (1).

Une chose très-singulière et très-peu observée par les voyageurs dans les déserts, c'est l'aversion, dans la chaleur, et surtout dans ces latitudes, pour les aliments gras et pour les viandes, qui, contenant beaucoup d'hydrogène et de carbone, augmentent rapidement, par le sang, la chaleur que l'atmosphère communique au corps. C'est tout le contraire de ce qui arrive aux Lapons et aux Esquimaux, qui ont besoin de l'huile et de la graisse de la baleine pour aug-

---

(1) Au retour de ce voyage, dans le désert de Bayoudah, moi-même, atteint d'une terrible fièvre inflammatoire, j'ai dû choisir, ou de rester dans quelque tente des arabes Nababgehs, ou de suivre la caravane. Je me suis efforcé de suivre mes compagnons à dos de dromadaire, pour n'être pas abandonné à toutes les éventualités des lieux et de l'éloignement.

menter la combustion intérieure par le développement du calorique animal. La soif, en conséquence, est plus insupportable dans la chaleur que la faim : le sang, privé de la sérosité par la transpiration insensible et les exhalaisons internes des muqueuses, jeu d'*endosmose* et *diatermancité* continue, a besoin d'être constamment délayé par l'introduction de parties aqueuses, qui en corrigent l'activité et l'excitation : en raison de ces pertes, le besoin de réparer est un tourment impérieux qui est d'autant plus vif, quand les parties salines et âcres de l'économie se rapprochent par le sang et les humeurs.

De là l'irritation générale, la fièvre aiguë, l'ardeur et la sécheresse du gosier, et tous les phénomènes de la soif. Pourtant, dans les grandes chaleurs, l'usage des boissons aqueuses n'est pas le moyen le seul préférable et sûr pour l'éteindre : les voyageurs mêlent à l'eau, avec profit, quelque liquide alcoolique, pour stimuler les glandes muqueuses et salivaires, qui, par leur sécrétion, baignent d'une humeur abondante l'intérieur de la bouche et du larynx, enduisant ces surfaces d'une couche propre à apaiser, du moins pour un peu de temps, l'éréthisme dont la soif est la cause (1).

En traversant cette partie du désert, nous remarquons que le thermomètre est à 20° Réaumur, à 3 heures après midi. Nous sommes dans l'hiver et la température est baissée de quelques degrés. La nuit, de 11° à 13° Réaumur!

A la fin du *Bahr-bela-moia*, partie qui est appelée aussi *Bahr-el-Kattab*, le quatrième jour on arrive à un endroit entouré de montagnes basaltiques, *Om-rich*. De *Om-rich* à *Medina*, toujours en suivant des vallons environnés de

---

(1) Richerand, *Physiolog.*

montagnes; la route est moins monotone, presque agréable, et parsemée çà et là de sauvages mimosas, de sèches coloquintes et de quelques chétifs palmiers *doums* (*cusiofera Theophrasti*, Delille), le long d'une vallée où dans la saison des pluies doit se déverser de l'eau limoneuse, par la partie supérieure du désert qui côtoie le fleuve du côté ouest.

Bir-Murrad, ou les puits amers, est la station suivante, à peu près à moitié chemin du désert de Korosko. Là, une quantité de puits à eau saumâtre désaltère les animaux et la caravane, qui, désormais, seront dépourvus d'eau, ou n'auront que de l'eau changée par le temps, la chaleur, les secousses et le mouvement des outres, en quelque chose de fétide, de dégoûtant, de noirâtre et de visqueux. Dans ces trous qu'on appelle généralement puits, d'où à grand'peine suinte l'eau, pour ainsi dire goutte à goutte (on dirait la sueur du sable), le chameau, avidement poussé par la soif, met une demi-heure ou davantage à réparer ses souffrances de cinq jours, et à pourvoir aux privations qui lui restent à endurer pendant le reste du voyage. Les Arabes Ababdés ont le soin de ces puits, qui, du reste, offrent une très-grande ressource aux caravanes. On en compte de quarante à cinquante, et dans les détours du vallon on en creuse de temps à autre. C'est depuis peu de temps, avant l'époque de Mohammed-Ali, que ces puits sont exploités.

Après *Bir-Murrad*, le désert reprend le même aspect interminable, sablonneux, uniforme, jusqu'à *Wadi-Abousaat*, où commencent d'autres montagnes environnant des vallées étroites, rocailleuses, arides.

Le troisième jour, au delà des puits, on se trouve dans une plaine où apparaissent trois rochers granitiques, qui rappellent les pyramides de Gizeh, et qui sont là isolés, imposants. Les *Kabirs,* ou guides du désert, les appellent *Guraiban,* peut-être à cause de leur proximité, d'*Abou-Hamed,* endroit peu éloigné du Nil. En effet, le quatrième jour, après une marche des plus pénibles, sous les feux du soleil et l'embrasement général de la plaine triste et sablonneuse, on entrevoit à l'horizon, au milieu d'un grand nombre de mirages trompeurs, le fleuve si ardemment désiré par les hommes et les animaux.

Il faut avoir traversé des déserts pour concevoir l'exaltation du bonheur éprouvée à la vue du Nil.

D'*Abou-Hamed* à Berber, trajet qui exige ordinairement quatre à cinq jours, la route est agréablement égayée par une quantité de *doums,* d'arbrisseaux, en un mot, par une végétation toujours croissante, à mesure que l'on se rapproche des bords du fleuve. Il n'y a de triste et de pénible à traverser que le *Wadi,* ou *Agabat-el-Komar,* la vallée des ânes, ainsi nommée parce qu'on y a souvent rencontré de ces quadrupèdes sauvages. Les stations *Nede, Abou-Gascim, Ghinenita,* sont charmantes et très-bien cultivées. En côtoyant le Nil, tout près de ses bords verdoyants et fleuris de haricots, on voit nager d'énormes hippopotames, *assint* en langue nubienne, et de dangereux crocodiles dormant paisiblement au grand soleil. Ce fut dans cet endroit séduisant que je me rappelai l'histoire singulière de deux des plus grands monarques de l'Égypte, Menès, tué par un hippopotame, et Akthoës, par un crocodile!

Ordinairement à Berber ou à *El-Mekerif* (Berber est aussi le nom de la province), se termine le voyage par terre, pour être continué sur le fleuve. Quelquefois, cependant, les caravanes font encore une marche de huit à dix jours, pour aller passer le Nil près de Kartoum. Le manque d'animaux nécessaires aux transports, ceux qui ont été employés jusqu'à Berber étant tellement fatigués, qu'ils ne peuvent que très-rarement reprendre le voyage, et le repos qu'offre la voie fluviale font adopter la navigation, qui, à l'avantage des vents du nord, dominant d'octobre en mars, en joint un autre, celui d'être moins longue.

Avant de quitter *El-Mekerif,* je salue avec un juste souvenir d'admiration ses braves Ababdés, portant la lance, la grande épée, le bouclier : ce sont de beaux hommes, aux teintes noirâtres, aux traits nobles et vaillants, et d'une fidélité à toute épreuve. Dans le désert de Korosko, au centre même, on peut, avec une marque particulière, laisser des marchandises, des caisses, quel qu'en soit le prix et la valeur, pour les reprendre à volonté, quand des accidents, tels que la mort de quelques chameaux, ont empêché de les transporter à leur destination. Le désert est sacré, et les Ababdés s'y sont établis les gardiens sûrs des voyageurs. Le mot *ababdé* a pour signification *pères des pères.* Ils sont à juste titre fiers de leurs tribus, de leurs ancêtres !

Le petit village d'*Abou-Hamed* tire son nom du père de Scek-Hamed, le chef actuel des Ababdés, qui en fit une station pour le voyage dans le désert.

De Berber à *Souakim,* sur la mer Rouge, les caravanes se composent plutôt de *Hammadebs,* de *Hadendoas,* d'*Amarers,* et en grande partie de Bichariens. Les Arabes *Bischari* d'aujourd'hui sont probablement les mêmes que les *Schari* des anciens. Près de Kalabscha (l'ancienne *Talmis,* sous le tropique), l'intéressant monument de *Beyt-Oually* rappelle les victoires de Sésostris sur les Arabes, les *Kouschi* (les Éthiopiens) et les *Schari,* ou les Arabes nomades de la Nubie orientale.

2.

Nous naviguons sur le magnifique fleuve bienfaisant. La végétation luxuriante des tropiques commence à se développer sur ces rivages et ces îlots pittoresques. A droite et à gauche, des villages nombreux sont entourés de sycomores, de cactus, de mimosas et de nabks (*rhamnus napeca,* etc.) où chantent continuellement des milliers de petits oiseaux aux plus vives couleurs, et offrent un aspect charmant par la forme conique des toits des cabanes et des chaumières.

Déjà nous avons passé l'embouchure de l'*Atbarah* (l'*Astaboras* des anciens), qui, partant de l'Abyssinie, arrive confondre ses eaux avec le Nil, au 17° 40′, presque sous la ligne où finissent les pluies du tropique nord.

En remontant la rive droite du fleuve, on trouve *Chendi,* l'ancienne capitale des *Cheykyehs.* Toute cette contrée est la partie la plus importante du célèbre État théocratique de *Méroé,* l'ancien royaume de *Sabat,* où, pendant plusieurs siècles, prirent naissance les institutions religieuses et politiques des anciens Égyptiens. Les inscriptions intéressantes des monuments *Naga, Macaurat, Maruk, Axoum* et *Hachour,* en sont la preuve. C'est dans le mont *Barkal,* où est *Napata,* ancienne capitale, après Méroé, que l'on rencontre un monument que l'on suppose représenter le roi *Tarakus* ou *Thearaka,* prince de race éthiopienne, qui envahit l'Égypte huit siècles avant l'ère chrétienne.

Méroé, florissante avant Thèbes, conserva sa renommée jusqu'aux temps de Ptolémée Philadelphe ; Ératosthène et Strabon vivaient à cette époque. Le roi Ergamènes, contemporain de Ptolémée, après avoir fait tuer presque tous les prêtres, changea l'ancienne république théocratique en monarchie militaire, qui exista très-longtemps, selon Diodore, mais ce pays, à l'époque de Néron, devint une contrée déserte et ruinée.

Avant cette fatale époque, c'est à *Chendi* que se faisait le principal commerce de la haute Nubie, et que se tenait le plus grand marché d'esclaves. Plus tard, *Chendi* est anéanti. Le crime du Melek *Nemr* et la mort tragique d'Ismaïl-Pacha nous firent détourner les yeux de cette contrée jadis si florissante !

Après *Chendi,* la dernière cataracte, qui est la première en descendant de Kartoum, est annoncée par des blocs çà et là épars, au milieu des eaux. Ces masses de granit, où se dépose le limon fécondant, surchargées d'arbrisseaux et de gazons fleuris, semblent des oasis bienheureuses, choisies paisiblement par les crocodiles prévoyants pour y déposer leurs œufs, à l'époque des mois de janvier et de février. Le Nil, en amont, encaissé entre des montagnes d'une teinte très-foncée, forme le passage *Agabat-el-Gherri,* à droite duquel s'élève, sauvage et granitique, *Gebel-el-Raouwyan,* et plus en avant *El-Malakit,* monticule isolé, qui est la limite de la cataracte, et enfin *Gebel-Fumaniat,* tout près d'Halfay, dernier point de reconnaissance avant la fin du voyage.

A Halfay, les eaux du Nil commencent déjà à peindre une ligne de démarcation sensible dans leur couleur, et bientôt les deux fleuves, un peu en avant de Kartoum, coulent ensemble, sans cependant confondre leurs eaux ; on les voit séparées nettement, claires et bleues, à l'est, *Bahr-el-Azrek ;* blanchâtres et limoneuses, *Bahr-el-Abiad,* à l'ouest de Kartoum.

Kartoum, ou la trompe d'éléphant, selon la signification du mot arabe, situé à la pointe du Delta soudanien, entre les fleuves Bleu et Blanc, est la capitale du Sennaar (1) et le centre du pouvoir égyptien. Placée au milieu de toutes les provinces de l'intérieur, à égale distance d'*Obeid*, la capitale du Kordofan, de *Taka*, de *Sennaar* et de *Berber*, par sa position stratégique, elle domine les embouchures des deux fleuves, et conséquemment commande la navigation des branches et des confluents intérieurs du Nil, et sur le rapport commercial, offre le meilleur point de réunion et de relâche pour toutes les marchandises de l'Abyssinie : café, miel, cire, poudre d'or, ivoire, gomme, plumes d'autruches et de marabouts, du Nil Blanc et du Kordofan.

Kartoum, dans les cartes très-exactes de Niebuhr, Ehremberg, Ruppell, est marqué 15° 38′ à 39′ latit. N., long. 30° 7′ E. Paris. Sa hauteur barométrique est de 728 millim., qui donnent une hauteur de presque 300 mètres au-dessus du niveau de la mer. Les estimations barométriques de M. Neuglio, consul d'Autriche à Kartoum, et très-savant naturaliste, correspondent aux miennes, d'après ce qu'il m'a dit lui-même. La température moyenne du thermomètre est de 22° Réaumur dans l'hiver, et de 35° Réaumur à l'époque des chaleurs, ce qui relève une différence de 13″ entre les deux saisons. La différence entre les jours et les nuits est très-marquée. Il y a beaucoup à faire pour

---

(1) Le général Reignier (*Revue philosophique*, 1816) prouve que le Sennaar des livres hébreux est la contrée qui porte encore le même nom au confluent du Nil Bleu et du Nil Blanc. Il ajoute que les Juifs étaient originaires de l'Abyssinie, et que l'histoire du déluge de Noé venait de l'île de Méroë, sujette à d'épouvantables inondations dans la saison des pluies, par le débordement du fleuve. Tacite (*Hist.*, l. VIII), se rapportant aussi aux idées émises avant lui sur l'origine des Juifs, les croit venus de l'Éthiopie, où le roi Céphée les persécutait. En conséquence, ils demeurèrent toujours Africains jusqu'à leur éloignement ordonné par le roi Bocchoris, d'après l'oracle d'Ammon.

améliorer Kartoüm sous le rapport de l'hygiène. Les dispositions ordonnées par S. A. Mohammed-Saïd contribueront certainement à sa prospérité, ainsi qu'à sa salubrité. Les environs de la ville doivent être assainis; dans l'intérieur, des flaques d'eau considérables, qui y séjournent sur des terrains bas, à la suite des inondations, par l'infiltration, et les pluies, sont la principale cause des graves maladies qui attaquent surtout les Européens. Le personnel de la mission catholique a vu périr, depuis huit ans, douze de ses membres sur trente-six. Au moment même où j'écris ces pages, j'apprends la mort d'un autre missionnaire. Le climat sévit de préférence sur les étrangers, par suite des fièvres pernicieuses qu'il engendre. En 1839, Mohammed-Ali y perdit dans une semaine treize personnes, sur soixante qui l'accompagnaient; et pendant le séjour que nous y fîmes, la température étant fort élevée, trente Albanais, sur soixante-cinq qui faisaient partie de l'escorte du vice-roi, moururent atteints de ces mêmes fièvres.

Dans les personnes que j'ai soignées, j'ai reconnu une cause commune de maladie : le trouble très-marqué de la température animale, produit par les rapides oscillations dans l'état thermométrique de l'atmosphère, plutôt que par les endroits marécageux. Néanmoins, il y a tout lieu de croire que dans les marécages, par le concours de plusieurs circonstances, il s'engendre à la surface de la terre un principe, un élément inconnu, qu'on a nommé miasme marécageux, et qu'on a cru capable de pénétrer nos organes (1). Ces fièvres, dans leur essence, ne diffèrent

---

(1) C'est la théorie de Rasori, savoir : le dégagement dans les étangs et les marais de myriades d'atomes vivants (monades), lesquels pénètrent dans notre organisme, soit par les voies de la respiration ou de la digestion, soit par l'ab-

pas des intermittentes quintanières, ou hibernales et pernicieuses de tous les pays du monde, et dans lesquelles
tous les praticiens reconnaissent un fond inflammatoire.
C'est dans le système vasculaire, de préférence, que siége
la phlogose. — Le mouvement circulatoire est tumul-
tueux, la peau, de froide et de crispée qu'elle est devenue,
par les derniers vaisseaux artériels morbidement contrac-
tés, passe à une chaleur exagérée, brûlante, et devient
rouge et comme bouffie; la contraction morbide qui, dans
le principe, prévalait dans les extrémités artérielles, prédo-
mine en retour dans les parties centrales; les yeux brillants,
injectés, exorbités, la bouche sèche, la soif ardente, les ar-
tères des tempes battant avec violence, la sensibilité généralement exquise, exaltée : voilà les phénomènes princi-
paux des pyroses soudaniennes, qui, par les circonstances
locales, cosmo-telluriques, sont plus graves et plus in-
tenses qu'ailleurs.

Du reste, quoique ces fièvres sévissent presque toute
l'année à Kartoum, et dans le rayon de ses provinces, on
n'y observe point un nombre aussi considérable de maladies, que celles qui règnent dans nos latitudes.

On voit quelque exanthème, parmi les *vésiculaires;* le

---

sorption dermique, déterminant les fièvres à période. Pourtant les expériences
de Davy avec l'endiomètre sur l'air marécageux, puisées à différents points
des lieux les plus insalubres, ont toujours donné pour résultat exactement
les mêmes proportions d'éléments constituants de l'atmosphère la plus pure.

Dans les déserts qui avoisinent ces contrées, quoique sans marais de cette
sorte, ou flaques d'eau, ces fièvres y sévissent aussi, graves, pernicieuses.
Il est remarquable que dans ces espaces immenses, où ne s'élèvent que des
bancs de rochers nus, au milieu de ces plaques arides, granitiques et syéniti-
ques, s'engendrent les fièvres avec plus d'intensité. Les grandes plaques de
roches agiraient-elles chimiquement sur l'atmosphère, ou serait-ce seulement
par une forte réverbération de la chaleur?

zoster n'est pas rare chez les gens du pays. Entre les pustules, la *variole* y exerce ses attaques ; mais, quoique fréquente, elle est moins dangereuse qu'en Égypte. On assure que les nègres atteints de l'exanthème en sont guéris aussitôt qu'ils entrent dans le désert. C'est une opinion que je n'ai pu bien vérifier. Il paraît que le vers dragonneau (*filaria medinensis*) est endémique au Soudan. Dans mon séjour à Kartoum, j'en ai observé deux cas, et le docteur Peney, médecin en chef, est même de l'opinion qu'il n'a pas été importé du dehors.

Ainsi que le dragonneau, le *ténia* afflige les nègres et les gens du pays, et particulièrement ceux qui abusent d'une nourriture animale crue. Le *marara*, en effet, est le mets favori des habitants ; il consiste en foié cru assaisonné de *chitéta* (capsicum annuum, L.) ou poivre rouge, de sel, d'oignon et de citron.

Les entérites, l'hyperémie et la splanite aiguë sont fréquentes après les pluies équatoriales. La syphilis y est rare et nullement funeste.

Une chose qui m'intéressait beaucoup et pour laquelle j'ai fait des recherches et pris des renseignements de toute part, c'était de savoir si parmi les nègres des rivières du Nil on avait constaté des mangeurs de terre : c'était un fait à vérifier par le témoignage de la science et des voyageurs éclairés. Le docteur Peney me dit seulement avoir entendu dire que quelques enfants en mangeaient. J'ai appris d'un Arabe des *Baccarahs* que très-souvent le limon du fleuve Blanc est goûté ou mangé par des enfants, des femmes et des hommes appartenant aux tribus de l'intérieur (1).

____

(1) M. Henglin m'a dit que chez les *Bahrs*, au septième degré, il a entendu parler de quelque chose de semblable sans pouvoir préciser le fait.

C'est un fait que les habitants des bords de l'Orénoque mangent aussi de la terre. La terre qu'on avale est une argile grasse, douce au toucher, d'un gris jaunâtre, et colorée par un peu d'oxyde de fer. Je serais porté à croire que cette terre est un mélange de débris d'animaux et d'infusoires en masse, dont Ehremberg a enrichi la science par ses découvertes si intéressantes. La géophagie, il est permis de l'affirmer, est propre aux régions tropicales de tout le globe. Dans la Guinée, les nègres mangent une terre jaunâtre, qu'ils nomment *caouac*. Dans les zones tempérées, cet appétit morbide est beaucoup plus rare, n'existant, pour ainsi dire, que chez les enfants et les femmes enceintes (*pica*) (1).

Après cette rapide esquisse d'observations faites à Kartoum, je crois nécessaire de dire deux mots sur l'état du pays, avant le voyage de Son Altesse le vice-roi.

Remontons à peu près à trente-cinq années en arrière.

Après l'anéantissement des derniers débris des mame-

(1) *Desiderium non esculenti ingerendi*, CULLEN, *Gen. morb.* — Le savant Savaresi, médecin en chef dans l'expédition en Égypte, remarqua, lui aussi, le phénomène sus-indiqué : « Ho conosciuto (dit-il) molte negre che mangiavano l'argilla fresca delle rive del Nilo con tanto gusto, come se avesser mangiato bocconi delicati e dei dolci. È importante di dire, come queste negre godevano d'una buona salute, e non erano affette dalla pica a cui son soggette specialmente le donne clorotiche. » Voyez SAVARESI, *Mem. med. fisic. sull'Egitto.*

Dans toutes les régions tropicales, les hommes éprouvent l'envie bizarre d'avaler de la terre, non pas une terre alcaline, comme la chaux, afin de neutraliser peut-être les acides, mais une argile grasse, à odeur forte. Voyez Humboldt, *Tabl. de la Nat.* — Labillardière, *Voyage à la recherche de la Pérouse.* — Thibault de Chanvalon, *Voyage à la Martinique.*

luks dans le *Dongola*, et les défaites des Arabes Chaykiès, Mohammed-Ali, désormais en possession complète de la Nubie, ordonna l'exploration des provinces du Sennaar, du Kordofan et autres contrées éloignées des deux fleuves. L'armée d'Ismaïl-Pacha remonta le fleuve Bleu, jusqu'à la hauteur du *Fazoql*, Ibrahim-Pacha conduisit l'autre vers le sud-ouest, par le fleuve Blanc. Les conquêtes à l'est firent passer sous la domination égyptienne toutes les peuplades riveraines jusqu'à la hauteur du Fazoql. Toutes les prévisions belliqueuses étaient dépassées, mais l'espoir des richesses n'était pas réalisé; on ne découvrait pas de mines d'or, et les sables n'en produisaient, après le lavage, qu'une très-petite quantité. Ibrahim-Pacha n'avait pu, à cause des maladies, se porter au delà d'*El-Querabyn*. Aussi les deux armées rebroussèrent-elles chemin, après avoir fait un nombre considérable d'esclaves, restant maîtresses du Sennaar et de quelques tribus riveraines du Nil. Mohammed-Ali, pour vérifier les faits, poussa son voyage, en 1839, jusqu'à *Quamamgl* et à *Gebel-Quazanforo* au Fazoql (1). Mohammed-Ali, après avoir choisi Kartoum pour la capitale du Soudan égyptien, rendu libre la navigation du fleuve Blanc, établi des postes militaires sur les deux fleuves, encouragé les voyageurs et les savants dans leurs excursions scientifiques, eut l'idée d'attirer par tous les moyens possibles les nègres de l'intérieur, et de les initier au commerce et au bien-être des relations mutuelles. Mais ses ordres, ou furent mal compris, ou, par mauvaise volonté, mal exécutés. Loin d'attirer

---

(1) Voyez *Relat. du voyage de Mohammed-Ali dans le Sennaar et le Guazanforo.* — Extrait du *Courrier de l'Égypte*, n° 618, 1255 de l'Égypte. — Voyez *Hist. sommaire de l'Égypte*, par Mengin et Jomard.

les nègres au bonheur de la vie sociale par la voie de la douceur, on leur fit la chasse comme à des animaux, et on vendit quelquefois à Kartoum des riverains du Nil, qui ne s'étaient livrés que sur le serment qu'on leur avait fait de respecter leur liberté, et de les ramener chez eux. Tous ces faits ont aliéné l'esprit des populations, qu'au lieu de rattacher à la conquête par les liens d'amitié, on a dû maintenir par des forces suffisantes comme pendant l'état de guerre.

De la sorte, les nègres qui eussent été captivés par une saine et loyale politique, et qui commençaient déjà à affluer à Kartoum, ou par raison de commerce, ou par curiosité, premiers anneaux qui relient les peuples de l'Afrique centrale, s'en éloignèrent avec horreur, préférant leurs forêts au bonheur d'une relation qui ne leur apparut qu'épouvantable.

D'un autre côté, tous les résultats de l'annexion de ces provinces à l'Égypte, après quelques années, par suite de la mauvaise administration des chefs, se réduisirent à soulever des obstacles, des mécontentements, presque des révolutions.

Telle était la situation du pays à l'avénement de S. A. Mohammed-Saïd : l'agriculture très-peu favorisée, l'impôt trop élevé en raison des récoltes, des concussionnaires partout, l'argent du gouvernement suffisant seulement aux dépenses des forces nécessaires à maintenir cet état de choses anormal, un désordre général dans l'administration de la justice, un esclavage effronté et presque protégé par des employés supérieurs.

Son Altesse, convaincue que les choses ne pouvaient rester ainsi, après avoir consulté tous les chefs réunis des différentes provinces, et avoir médité sur toutes les questions importantes qui entravaient la marche du libre essort de ces populations, remit des décrets fondamentaux et généreux qui formeront dorénavant le nouveau code, et qui établiront le lien de bonheur, conquête des cœurs et des sympathies du Soudan.

ORDRE DE SON ALTESSE LE VICE-ROI

AUX NOUVEAUX GOUVERNEURS DES CINQ PROVINCES DU SOUDAN :

LE SENNAR, LE KORDOFAN, LE FARA, LE BERBER ET LE DONGOLAH.

(Traduction de l'arabe.)

Kartoum, 26 janvier 1857.

Vous avez appris ce que chérit mon cœur et ce qui m'a préoccupé pour la prospérité du pays et pour le bien-être des populations ; vous connaissez aussi l'étude que je viens de faire pour l'appréciation de ce qui peut développer leur fortune, leur éviter des peines, les mettre à l'abri des vexations, afin qu'elles puissent arriver au comble de la prospérité, en éloignant d'elles l'injustice et l'abus du pouvoir.

Lorsque je me suis rendu dans les provinces du Soudan, et que j'ai vu la misère dans laquelle elles étaient plongées, par suite des charges excessives imposées sur les saktés et les terrains, en outre de celles qu'on leur faisait supporter pour les corvées, les arrérages et autres, j'ai décidé, par esprit de justice, que tout ce système devait être abandonné, et je veux que dorénavant l'impôt soit réparti selon les moyens des populations, afin que les craintes se calment, que les pays prospèrent, et qu'ils n'aient plus aucun motif de plainte et d'expatriation.

En arrivant à Berber, j'ai demandé aux cheiks et aux habitants qui sont venus au-devant de moi ce qui pouvait assurer leur tranquillité, et ce qu'ils pouvaient payer sans avoir à en souffrir. Ils m'ont répondu en demandant eux-mêmes que chaque sakié fût imposée à 250 piastres; mais comme mon amour pour mon peuple me porte à donner le plus de prospérité possible, à me préoccuper de lui pour m'assurer son affection, et afin qu'il puisse s'occuper de son bien-être; et comme en outre je veux rendre à la confiance ceux qui se sont expatriés, afin qu'ils rentrent dans leur patrie, l'esprit libre de toute crainte de vexations, d'injustice et d'impôts exagérés, j'ai ordonné que l'impôt de chaque sakié soit fixé à 200 piastres, sans plus.

Quant aux terrains qui n'ont pas de sakiés, j'ordonne que ceux qui se trouvent dans les îles payent un droit de 25 piastres par feddan, et ceux qui sont situés sur les bords du fleuve soient imposés à vingt piastres par feddan.

En apprenant ces gratifications, inconnues pour elles jusqu'alors, les populations ont été comblées de bonheur et de joie; leurs cœurs ont été satisfaits. Elles ont oublié ce qu'elles avaient souffert dans le passé; elles ont promis de vivre entre elles en bonne intelligence, de rappeler les cœurs des absents, afin qu'eux aussi puissent jouir de cette vie heureuse.

Je suis ensuite arrivé à Kartoum pour y attendre les autres cheiks et les notables; et si ces derniers étaient arrivés promptement, ils auraient éprouvé, par l'effet de ma présence au milieu d'eux, les marques d'une générosité qu'ils n'ont jamais éprouvée encore. Mais puisque je vous ai nommé moudir de cette province, vous devez vous occuper avant tout et avec zèle du bien-être des populations, de ce qui peut améliorer leur situation, tranquilliser leur moral, et vous devez agir à leur égard avec toute la sollicitude possible.

Vous ferez rentrer les impôts à l'époque des récoltes les plus lucratives; c'est-à-dire, chaque année vous convoquerez une assemblée dans les trois mois où les travaux des cultures n'occupent pas. Dans cette réunion, vous diviserez mensuellement les rentrées de l'impôt, mais de manière que ces rentrées puissent se faire pendant le courant de l'année, sans fatiguer les populations et sans laisser des arrérages.

Cette assemblée devra être composée de douze à vingt-quatre notables de la province, suivant ce que vous jugerez le plus convenable pour le bien général.

En votre qualité de président de cette assemblée, c'est vous qui aurez à vous occuper de la division de l'impôt; des moyens les plus favorables pour augmenter le bien-être et la tranquillité, de manière à rendre bien stable l'état des villes et des villages.

Vos décisions devront m'être soumises au fur et à mesure que vous les prendrez. L'assemblée aura en outre à s'occuper de ce qui suit :

Vous licencierez les kachefs qui sont aujourd'hui chefs de districts, ainsi que les soldats qu'ils ont auprès d'eux. Vous n'enverrez plus, ainsi que cela se pratiquait auparavant, des soldats pour faire rentrer l'impôt. Ce sont les villages eux-mêmes qui enverront mensuellement l'impôt du mois par l'entremise de leur cheik; et vous n'userez qu'avec toute justice de la force de la loi pour faire payer les retardataires.

Afin d'encourager les cheiks à s'occuper loyalement de leurs fonctions, j'ai jugé qu'en récompense de leurs services, il leur sera bonifié une sakié exempte d'impôts sur vingt-cinq, c'est-à-dire que sur un nombre de vingt-cinq sakiés, vous n'aurez à faire rentrer que l'impôt de vingt-quatre; la vingt-cinquième sera une de celles des cheiks. De même pour les terrains, vous bonifierez aux cheiks, ainsi qu'il est dit ci-dessus, quatre feddans sur cent.

Mais comme il se trouve dans les villages qui sont sur la route des maisons dans lesquelles les allants et les venants reçoivent une hospitalité complète, et que les cheiks à qui ces maisons appartiennent y hébergent et y nourrissent les voyageurs, et qu'ils sont renommés pour leur hospitalité, il est juste que ma générosité pourvoie à ces dépenses. C'est donc à votre appréciation que je laisse le soin d'examiner et de fixer ce qu'il y a à bonifier à ces cheiks, ainsi que vous le jugerez équitable dans la proportion de la position de chaque village.

Vous ferez mesurer les terrains et compter les sakiés par les cheiks, qui devront présenter des états au mouderié; et si vous envoyez des gens de votre part à cet effet, et qu'il y ait des erreurs, ils en seront responsables.

L'impôt qui sera fixé sur les terrains après mesure, et sur les sakiés, sera payé par celui qui aura semé et récolté, afin que l'on ne puisse pas dire que le débiteur s'est évadé.

L'impôt qui sera fixé, ainsi qu'il est dit plus haut, commencera à courir depuis cette année (1272) solaire; et ce qui aurait été encaissé depuis le commencement de l'année ira à valoir sur l'impôt de cette année. Conformément à ce règlement, cet impôt sera payé sur les terrains qui seront arrosés par l'inondation, les pluies et les sakiés ; mais si, ce que Dieu préserve, le Nil était trop bas, ou qu'il n'y ait pas eu de pluie, l'impôt ne serait pas dû.

Tout ce dont le gouvernement aura besoin, en comestibles ou autres objets, en chameaux ou en hommes pour le service, la valeur, le loyer ou la paye des hommes, sera toujours payé deux pour cent de plus que ce que payent les habitants entre eux ; et même s'il arrivait que la valeur et le loyer des objets augmentassent, le gouvernement devra toujours payer deux pour cent en sus de l'augmentation ; et dans la crainte que les cheiks, pour démontrer qu'ils prennent l'intérêt du gouvernement, ne déclarent pas la vérité pour le prix et le loyer de la main-d'œuvre, il faut, pour éviter cet inconvénient, que vous ne preniez rien que du consentement libre des propriétaires, afin que par ce moyen la prospérité puisse augmenter, et que ceux du dehors, voyant le prix que paye le gouvernement, soient conduits à payer eux-mêmes davantage, ce qui est le moyen d'accroître le bien-être du pays.

Vous ne prendrez ni hommes ni chameaux en corvées ; vous encouragerez les habitants à semer le blé, l'indigo, le coton et le sésame. Vous ferez tout ce qui est nécessaire pour qu'on puisse presser les cotons et fabriquer convenablement l'indigo, afin d'en faciliter l'exportation et que le pays profite de la valeur ; vous encouragerez aussi les habitants à extraire l'huile du sésame ; car cela est dans leur intérêt.

Il existe aussi beaucoup de forêts qui renferment une immensité de bois tout à fait aptes, les uns à la construction, les autres pour les barques, les autres enfin pour combustible. Il serait bien facile de faire descendre ces bois en Égypte en radeaux, à l'époque du Nil. Vous devez le faire comprendre aux habitants et les encourager à le faire, puisque la plupart ont peu de travaux, et que ce serait pour eux une source nouvelle de bénéfices.

Ce qui consolide la prospérité d'un pays, ce sont les constructions de maisons dans les villes ; mais vous devez faire attention que l'on ne bâtisse pas en travers des rues, avançant et rentrant, ainsi que cela se pratique aujourd'hui, mais que les nouvelles bâtisses soient bien alignées, sans que pour cela vous deviez jeter à bas celles qui existent. Les nouvelles bâtisses seulement doivent être élevées d'après ce principe. Chaque maison aura son jardin d'une étendue suffisante pour employer l'eau d'une sakié, d'un chadouf, ou même moins s'il le faut, afin que de cette manière les choses soient bien organisées et l'air meilleur.

Les terrains que vous donnerez à cet effet ne payeront pas d'impôt.

Vous encouragerez les habitants à planter des arbres dans les rues et le long du Nil. Ces plantations d'arbres leur profiteront d'abord par leur produit, et ensuite par le bien qu'elles feront le long des routes et des digues.

Les discussions et les litiges seront examinés et terminés par-devant les cheiks ; mais dans le cas où la solution ne serait pas possible de cette manière, ces procès seront examinés par les moulouks acceptés par les parties ; et dans le cas où ils ne seraient pas de nature à être résolus ainsi, alors ils seront envoyés au mouderié, et ce qui n'aura pu être terminé et jugé sera soumis au conseil pendant les trois mois dont il a été question plus haut.

Le conseil devra examiner et juger ces affaires.

Quant aux affaires qui dépendent de la loi, elles seront jugées par les cadis. Les cheiks et le mouderié tiendront la main à l'exécution des sentences.

Les affaires pour homicide devront être instruites civilement avec le concours du mouderié, examinées par le mehkamé dans le mouderié, et dans l'assemblée dont il est question plus haut, en présence du cadi et de tous ceux qu'il appartiendra, pour ensuite m'être soumises par le mouderié.

Les affaires des Bédouins sont du ressort de leur cheik ou du cheik supérieur.

Dans le cas où la position de fortune d'un des habitants s'améliorerait et qu'il demandât dans son village une concession de terrains (de ceux qui ne sont pas cultivés) en sus des siens; si ces terrains n'ont pas de propriétaires, on devra lui en donner et en envoyer l'avis au mouderié pour en tenir compte. Il en sera de même pour le cas où un des habitants du village, après s'être expatrié, rentreroit au pays; on devra lui donner des terrains non cultivés. Mais dans le cas où il n'y en aurait pas, on devra lui faciliter les moyens de vivre dans son village, et lui donner, par l'intervention des cheiks et des notables, une quantité de terrain suffisante pour son existence, au prorata de chaque individu. Si l'expatrié avait des terrains à lui, et qu'à cause de son absence d'autres les eussent pris, depuis une époque de plus de quinze ans, il lui sera donné d'autres terrains du village; mais dans le cas où les quinze ans ne seraient pas complets, on lui rendra ses terrains, que l'on remplacera par d'autres à celui qui en aurait pris possession, et on en préviendra le mouderié; et dans le

3.

cas où il n'y aurait pas dans le village de terrains libres, on agira vis-à-vis de lui comme pour l'expatrié qui n'aurait pas de terrain, comme il est dit plus haut. Et si des expatriés de ceux qui n'ont pas de terrains dans leur village, ou dans le village desquels on ne trouverait pas des terrains libres pour les leur donner, désiraient prendre, en payant l'impôt, des terrains abandonnés sans propriétaire et n'attenant à aucun village, et y bâtir un nouveau village pour y résider et y vivre, on peut leur en donner sans difficulté.

Attendu que l'impôt qui concerne les Bédouins est fixé, et que, d'après ma volonté, je vous donnerai les ordres pour les répartir entre les tribus, et pour fixer aux cheiks les bonifications attribuées à leurs postes et pour l'hospitalité; néanmoins, comme l'impôt de la tribu est réparti entre les individus avec la connaissance de leur cheik, et que cette répartition n'est pas connue au mouderié; par conséquent, si un Bédouin n'avait pas sa tranquillité dans sa tribu, et qu'il voulût aller vivre dans une autre tribu, puisqu'il est libre de sa personne, et qu'en le forçant à rester dans sa tribu ce serait augmenter son mal, ce qui est contraire à ma volonté, vous ne vous opposerez pas à ce qu'il réside dans la tribu qu'il aura choisie. Mais l'impôt qu'il payait dans sa tribu sera déduit de ce qu'il doit payer, et sera ajouté à celui de la tribu dans laquelle il aura fixé sa résidence.

Si un Bédouin sème des terres dans un village, et qu'il soit débité de l'impôt et qu'il le paye, il ne devra pas payer deux impôts : c'est-à-dire un impôt dans sa tribu, et un impôt sur ses terrains. Ce serait contraire à la justice; et j'ai décidé que toutes les fois qu'un Bédouin sèmera des terrains dans un village, la somme des impôts due par lui dans sa tribu et constatée par les états que devront présenter les cheiks de tribus sera décomptée, et il ne payera que le seul impôt des terrains qu'il aura ensemencés ; et j'ai ordonné cela, afin d'encourager les Bédouins à pratiquer l'agriculture et à habiter les villes.

Dans l'ordre que je dois vous donner au sujet de l'impôt des Bédouins, je vous donnerai également des ordres pour ce que vous devrez faire au sujet de certaines populations nomades de pasteurs.

Quant aux montagnes qui sont imposées, comme leurs habitants vivent à l'état de sauvages et qu'il est nécessaire de les amener à un état humain, afin qu'ils ne soient plus enclins à l'éloignement et à la révolte, j'ai décidé de leur abandonner les deux tiers de l'impôt et de ne leur en faire payer qu'un tiers. Vous leur expliquerez qu'ils ne sont pas esclaves, mais qu'ils sont libres.

Ces gens-là ont l'habitude de semer quelques terrains sur les versants des montagnes : vous devrez vous occuper à les encourager et à leur faire comprendre les avantages de la vie des villes, les exhorter à augmenter leurs cultures, et vous efforcer de les convaincre, afin de vous les attirer. Expliquez-leur bien que s'ils s'adonnent de cœur à l'agriculture, je les dispenserai de payer l'impôt que j'ai réduit aujourd'hui ; ils n'auront ainsi à payer que l'impôt des seuls terrains qu'ils cultiveront, quand même cet impôt serait inférieur à celui qu'ils payent pour leurs montagnes, et vous les traiterez de cette manière pour leur tranquillité et de façon à les attirer dans la voie de la civilisation. Si même, dans vos conférences pour leur expliquer cela et pour les y engager, ils vous demandaient la suppression de cet impôt, pourvu qu'ils promissent de s'adonner à l'agriculture en payant seulement l'impôt des terrains, vous accepterez et vous me soumettrez la question, afin que j'agisse avec eux selon leurs désirs, dans le seul but de leur inspirer l'amour du bien-être et de la vie des villes, et de les mettre ainsi à l'abri des vicissitudes auxquelles ils sont exposés.

Vous agirez ainsi avec les habitants des montagnes qui vivent à l'état de sauvages et comme des brutes ; mais quant aux habitants des montagnes qui, comme ceux de Fengh, sont un peu plus civilisés, je vous donnerai mes ordres pour les montagnes dont les cheiks sont venus auprès de moi. Quant à celles dont les cheiks ne sont pas venus, vous tâcherez de vous entendre avec eux ; et après avoir conféré avec leurs cheiks, vous me ferez savoir ce qu'ils peuvent payer facilement, sans difficulté pour eux, et vous me remettrez un état détaillé de l'impôt actuel et de ce qu'ils désirent payer, afin que je vous donne mes ordres en conséquence.

Vous devrez donc réunir les cheiks et les notables, leur lire mon ordre et leur faire comprendre ce que, dans mon amour pour mon peuple, j'ai décidé de faire pour eux.

Lorsque je suis arrivé à Berber et à Chindi, j'ai nommé les cheiks et les molouks selon le vœu des habitants et d'après leur choix. Les cheiks de quelques villages ne sont pas venus. Vous réglerez les choses de cette manière pour la province de Dongola, et vous les compléterez pour les villages des provinces de Berber et de Gaulein, pour lesquelles elles n'ont pas eu lieu. Vous prendrez pour cheiks et pour molouks ceux qui auront été choisis par les notables et par les habitants, et vous leur donnerez vos sages conseils, afin qu'ils se conduisent bien et qu'ils évitent avec soin tout ce qui pourrait amener l'éloignement des populations.

Examinez les affaires; rendez la justice à chacun sans partialité et suivant toute équité. Si quelqu'un mérite la prison pour quelque délit, vous vous occuperez de terminer de suite cette affaire, afin que le coupable ne reste pas trop longtemps en prison ; car, quand même la prison serait nécessaire pour punir quelqu'un d'une mauvaise action, et qu'il dût en résulter un bien, afin qu'il ne retombe plus dans le mal à l'avenir, et qu'en même temps cette punition soit un exemple pour que les autres ne se hasardent pas à commettre des actions qui méritent cette punition ; néanmoins, comme ceux qui sont emprisonnés sont mes sujets, ma clémence et ma pitié ne permettent pas qu'ils restent en prison plus de temps qu'ils ne méritent ; et je veux ainsi les traiter avec miséricorde.

En cas de discussions entre les habitants et les Bédouins, ou entre les Bédouins entre eux, vous punirez immédiatement les coupables.

Si vous faites appeler un cheik ou un notable, et qu'il se refuse à venir, comme ce refus de sa part est inconvenant envers l'autorité, et qu'il aura ainsi obligé l'autorité, à cause de son refus, à le faire venir par la force, vous considérerez un pareil cas comme un acte de révolte, et vous le ferez venir par la force.

Quoique, en considérant tout ce que je viens de faire en faveur des habitants de ces pays, soit en diminuant les impôts, soit en abolissant les corvées, soit en empêchant les vexations et les injustices, il ne semble pas nécessaire d'y entretenir des troupes, puisque les habitants seront nécessairement forcés, pour la conservation de leurs propriétés, de se défendre contre quiconque viendrait les attaquer, pour ne pas être exposés à se voir ruinés, néanmoins j'ai installé un nombre suffisant de régiments dans les diverses localités. Soyez donc sur vos gardes pour repousser quiconque vous attaquerait ; et s'il est nécessaire que les provinces s'entr'aident entre elles, faites-le pour qu'il n'arrive de mal à aucune des parties sous votre direction.

Les canons qui se trouvent dans le Soudan étant de gros canons que l'on ne peut traîner ni dans les montagnes ni dans le sable, et à cause de cela n'étant d'aucune utilité, puisque les canons ne sont utiles que si on peut les transporter d'un lieu dans un autre, et considérant que les canons qui sont au Soudan ne se trouvent pas dans ces conditions, j'ai ordonné qu'on en brise quelques-uns et qu'on réunisse les autres.

J'ai laissé dans le Gheziré (Sennaar) ce qui est nécessaire en canons légers ; le reste se trouve à Korosko. J'ai ordonné qu'on le transporte à Kartoum ; et lorsque tous les canons seront réunis, on enverra dans chaque partie du pays ce qui y sera nécessaire.

Il est également de toute première nécessité, et c'est là mon plus vif désir, d'avoir en tout temps de vos nouvelles sur la situation du pays et sur ce qui peut y arriver. Il faut donc que vous organisiez un service de poste pour le Gheziré (Sennaar), Kordofan et Taka, de Gheziré à About-Khamat. Pour chaque dix heures de marche de chameau, soit pour cinq heures environ de marche à dromadaire, vous établirez des stations de deux dromadaires qui se remettront mutuellement les dépêches. Vous leur ferez préparer des habitations pour qu'ils y restent toujours. Vous vous occuperez des moyens de pourvoir à leur nourriture, ainsi qu'à celle de leurs dromadaires. Vous mettrez trois stations entre Abou-Khamat et Korosko : la première, à Abou-Khamat ; la deuxième, à Marat ; la troisième, à Korosko, afin de faciliter l'arrivée de vos dépêches. Vous établirez dix dromadaires pour le service du mouderié.

Si quelqu'un vous attaquait, que le nombre de vos ennemis fût grand, et que vous eussiez besoin des secours du Caire, expédiez-m'en immédiatement l'avis, et au même moment je vous enverrai de quoi faire trembler leur cœur, les détruire et les disperser ; et je viendrai moi-même, afin de punir ceux qui auront osé susciter des troubles et faire le mal.

Sachez bien que les préparatifs nécessaires seront toujours faits au Caire, ainsi que ceux pour le cas de nécessité de ma présence avec des troupes que je conduirai avec moi au Soudan ; et je punirai d'une manière exemplaire ceux que je reconnaîtrai coupables. Soyez convaincu aussi que si j'apprends que les habitants ont eu à supporter des vexations de votre part ou de celle des cheiks, aucun de vous ne sera épargné. Sachez-le bien et agissez en conséquence, puisque tel est mon ordre et qu'il vous exprime ma volonté.

(L. S.) (Cachet de S. A. le Vice-roi.)

DEUXIÈME ORDRE DE SON ALTESSE.

Dans l'ordre que je vous ai donné pour le règlement de l'impôt et pour les autres règlements à mettre en vigueur, il est dit que l'impôt est fixé sur cette base depuis l'année solaire 1272 (zilkegge 1273); que ce que les habitants auraient payé depuis le commencement de l'année jusqu'à présent devait être décompté sur l'impôt de cette année, et que, par suite de mon amour pour mon peuple, vous ne réclamiez pas des habitants les arrérages dus jusqu'à toute l'année 1271.

Mais comme tout cela n'était pas expliqué assez clairement dans l'ordre précité, et que les habitants de ces pays sont illettrés, je crains qu'ils ne pensent que les arrérages existent toujours et qu'ils en sont débiteurs, et je viens par ce nouvel ordre les tranquilliser tout à fait, afin que leur joie et leur bonheur soient complets, et je leur explique plus clairement ma volonté.

Les sommes qui ont été encaissées depuis le commencement de l'année 1272 jusqu'à ce jour seront déduites, après décompte fait, ainsi qu'il est dit dans mon ordre précédent, de l'impôt de l'année courante, après que les comptes des serafs (agents comptables) auront été vérifiés avec toute exactitude.

Pour ceux qui seront créanciers jusqu'à la fin de 1271, pour excédants payés sur l'impôt par eux dû, quoique l'équité exigeât que ces excédants fussent compensés par les arrérages, néanmoins je veux dans ma justice que mes sujets ne perdent rien de ce qui leur est dû, et en conséquence, tous ceux qui se trouveront créanciers pour de pareilles sommes bien prouvées, après une vérification exacte et rigoureuse, vous leur compenserez ces excédants sur l'impôt de l'année courante.

Dans mon ordre susdit, il est écrit que si un Bédouin change de tribu, l'impôt qu'il payait dans sa tribu sera porté au compte de la nouvelle tribu qu'il aura choisie, et que si un Bédouin semait des terres en dehors de sa tribu, il ne devrait payer que le seul impôt de ces terres, et que l'impôt qu'il payait dans sa tribu devait être décompté du compte de la tribu. Mais si ces cas se présentent et qu'on doive reporter d'une tribu sur l'autre l'impôt que le Bédouin payait dans sa première tribu, il pourrait naître des discussions au sujet de la somme d'impôt que le Bédouin payait dans sa première tribu, ce qui exigerait des vérifications et une grande perte de temps.

Afin d'éviter ces difficultés, vous vous ferez remettre, à l'époque où l'impôt des tribus sera arrêté par chaque chef de tribu, un état nominatif de la répartition de l'impôt sur chaque individu, que vous conserverez au mouderié pour vous en servir au besoin.

Il est nécessaire également de connaître les limites de chaque village et d'obliger les cheiks et les notables à respecter ces limites, et d'établir des gardiens nécessaires qui seront responsables de tout assassinat ou vol qui aura eu lieu dans les limites de leur village, et qui seront obligés de représenter le voleur ou l'assassin, et dans le cas contraire, responsables personnellement. Cela est ordonné pour la sûreté des routes, et afin d'éviter qu'on ne se rejette la responsabilité les uns sur les autres, ce qui rendrait l'instruction des affaires extrêmement longue et la vérité très-difficile à découvrir.

Vous ferez donc ce qui sera nécessaire pour fixer les limites de chaque village; vous ferez comprendre aux cheiks la responsabilité qui pèse sur eux.

Jusqu'à ce jour, les voleurs et les assassins qui sont condamnés aux travaux forcés à perpétuité étaient mis dans les bagnes du Soudan; si au lieu de cela on les avait transportés dans des bagnes situés dans des localités éloignées de leurs familles et de leurs villages, la connaissance de cette pénalité les eût très-probablement empêchés de commettre leur mauvaise action. En conséquence, j'ai décidé que ceux qui seraient condamnés à perpétuité seraient envoyés aux bagnes d'Égypte, afin d'y subir leur peine, et que ceux qui se rendraient coupables en Égypte et seraient condamnés à la même peine, la subiraient dans le Soudan.

Les comptes étaient présentés antérieurement au gouverneur général. Mais aujourd'hui que chaque province est indépendante, vous enverrez tous les trois mois vos comptes au Caire.

Sur ce, vous donnerez connaissance du contenu de cet ordre à tous les cheiks et aux notables; vous leur en ferez bien comprendre le contenu, afin qu'ils aient à s'y conformer.

Telle est ma volonté.

(L. S.) (Cachet de S. A. le Vice-roi.)

TROISIÈME ORDRE DE SON ALTESSE.

Dans le règlement qui a été fait pour le Soudan, j'ai fixé l'impôt des terres à raison de 25 piastres par feddan pour les îles, et 20 piastres pour les bords du Nil; mais comme il est nécessaire de fixer la dimension du feddan, j'ai décidé que, quoiqu'en Égypte et dans les pays du Nord le feddan soit de 333 1/3 kassabés de superficie, soit 18 1/8 kassabés de longueur environ, sur la même largeur, le feddan sera pour le Soudan de 400 kassabés, soit de 20 de largeur sur 20 de longueur, et que l'arpentage sera réglé de cette manière.

La longueur de la kassabé sera de 3 mètres; j'en ai fait faire plusieurs pour étalon, poinçonnées sur les deux extrémités. Je vous envoie donc avec cet ordre une de ces kassabés pour vous servir d'étalon, afin que toutes les kassabés nécessaires à l'arpentage soient faites sur cette mesure, ni plus ni moins. Vous aurez soin de les faire aussi poinçonner pour l'exactitude de la mesure, afin de pouvoir régler les comptes en conséquence.

Telle est ma volonté.

(L. S.) (Cachet de S. A. le Vice-roi.)

QUATRIÈME ORDRE DE SON ALTESSE.

En conséquence de mes intentions pour la révision des soldats et pour le règlement de ce qu'il faut envoyer dans chaque partie du Soudan, vous devrez vous entendre avec le moudir des troupes de Kartoum pour reviser les soldats, dont un régiment restera au Sennaar et l'autre à Taka. Vous les désignerez sous le nom de 1er et 2e régiment.

Ces deux régiments n'ont pas besoin de colonels. Les commandants de bataillon commanderont les troupes et les travaux nécessaires : c'est-à-dire que chaque bataillon sera sous la responsabilité de son commandant.

Dans la révision, ceux qui ne seront pas jugés convenables pour le service de ces régiments, en dehors des hommes trop faibles ou trop âgés, vous en ferez quatre compagnies avec quatre capitaines, pour le service des quatre mouderiés, une pour chaque, pour la garde du kasné (trésor), ou autres, etc.

J'ai envoyé mes ordres au moudir de Kartoum à cet égard, et je vous envoie celui-ci pour vous y conformer, et une fois la révision terminée, vous enverrez ces compagnies dans les mouderiés pour les y enregistrer d'après les ordres que j'ai donnés.

Car telle est ma volonté.

(L. S.) (Cachet de S. A. le Vice-roi.)

———

D'après des documents aussi nobles que ceux que nous venons de rapporter, les commentaires sont inutiles, superflus; leur portée se révèle d'elle-même, à la louange du Prince éclairé et humain, qui les dicta du fond de son âme, pour le bonheur de ses peuples éloignés. Il a voulu, en brisant leurs fers, conserver la plus grande autorité sur ces peuples affranchis par sa générosité, pour obtenir de l'amour et de la reconnaissance seuls tout le pouvoir que d'abord il ne tenait que de la force des armes. En effet, maintenant deux seuls régiments suffisent pour tout le Soudan, la partie la plus reculée de ses domaines, dont la population a été trop longtemps opprimée et misérable.

Le Vice-roi, en donnant l'ordre de n'imposer que les terres cultivées, a fixé la quotité de l'impôt par mesure de terre à un tiers au-dessous de ce que les villages consultés lui avaient offert; il a poussé le soin jusqu'à spécifier dans ses ordres la dimension de l'instrument de mesurage; il en a fourni des modèles; il a prévu le manque des récoltes et les non-valeurs qui peuvent résulter de la sécheresse; il a déterminé les époques pour la perception des recettes, enfin, il a fait remise de tout l'arriéré. C'est du désintéressement sublime. Le trésor en souffrira d'abord, mais les cultures développées, les villages repeuplés, les cultivateurs satisfaits, produiront un jour des ressources dix fois plus considérables que celles d'aujourd'hui et assureront à la fois la prospérité de ces contrées et des finances de l'Égypte.

Quant à l'abolition de l'esclavage, il ne faut pas oublier que c'était une des premières intentions du Vice-roi en arrivant au pouvoir. Il n'avait pas attendu les provocations des nations civilisées; il avait spontanément songé à cette heureuse réforme humanitaire. L'abolition est raisonnée et complète ; non-seulement la traite des nègres est défendue, mais, en général, l'esclavage. Ainsi, il n'existera plus d'esclaves en Égypte, puisque leur affranchissement est proclamé de droit (1).

Avant de quitter Kartoum, nous apprenons avec satisfaction la nomination d'Azakiel-Bey comme gouverneur des provinces du Sennaar ; c'est un homme d'une éducation distinguée, aux sentiments élevés, et qui, pénétré des intentions progressives du Vice-roi, exercera une heureuse influence sur l'amélioration de ces contrées encore barbares, et donnera toutes facilités aux relations commerciales et scientifiques des deux fleuves (2).

Le Vice-roi, le matin du 28 janvier, ordonna le départ par *Am-Dourman* et par *Bayouda*, sur la rive gauche du fleuve Blanc. Le désert de *Bayouda*, jusqu'à *Ab-dom*, où l'on rejoint le fleuve, est entièrement couvert de tanarix, d'acacias sauvages et d'autres petits arbrisseaux. A chaque pas, on trouve dans cette contrée des puits et du lait, sous les tentes des Arabes *Hababich*, *Hawawirs* et *Hassanies*,

---

(1) Dans un mémoire que j'ai publié sur l'esclavage blanc et noir, en 1855, j'ai pressenti ce grand acte de Son Altesse le vice-roi, l'abolition de l'esclavage en Égypte.

(2) Maintenant la route pour la découverte des sources australes du Nil est ouverte ; on a presque déchiré le voile qui, depuis tant de siècles, tenait cachées mystérieusement ces fabuleuses montagnes de la Lune, traversant, dans les cartes anciennes, comme une énorme chaîne parallèle, continue, toute l'Afrique, de l'est à l'ouest. — Voyez Ptolém., l. IV. — Abd-el-Latif, trad. de Sacy, *Descript. de l'Égypte.* — Reinaud, trad. d'Aboul-Féda. — Sur les modernes découvertes ; Beke, *Journal of the royal Geographical Society of London*, vol. XVII. — Alvarez, *Viag. in Etiopia.* — Ayrton, *Journal of the royal Geogr. Society*, XVIII. — Enfin les intéressants travaux de Zimmermann, d'Abadie, et les travaux plus récents de Rehmann et de Krapp, jusqu'au deuxième degré et demi de latitude sud, se rapprochant aux stations de *Bellenia* et *Loupouk* au quatrième degré latitude nord, route suivie jusqu'à présent du côté du Nil.

sur lesquels M. Rollet a fait des récits si intéressants. Dans le désert, notre attention fut attirée par un nombre toujours croissant de monticules de sable, à forme pyramidale, ouvrages des fourmis blanches ou termites, qui infestent et rongent tous les arbres, et se cachent, pendant la saison des pluies, dans ces immenses monuments. A *Abdom* on reprend la voie du Nil pour arriver à *Hafir*, et traverser de nouveau un désert aride et rocailleux, le désert de Dongola à *Wady-Halfa*, côtoyant en grande partie le fleuve, dans l'imposante région des cataractes. Les observations faites par Rozier sur les roches de syénite, entre Syène et Philæ, et par Humboldt sur les granits de l'Orénoque, je les ai constatées à plusieurs reprises sur les blocs de toutes les cataractes du Nil. Un enduit gris-noirâtre, qui ne pénètre pas à la profondeur de 0,01 dans la substance de la roche, fait que l'on croit voir du basalte ou des fossiles teints de graphite. Ces blocs de granit rougeâtre, à la hauteur où l'eau peut les atteindre, se recouvrent de cet enduit plombé manganésifère.

Dans plusieurs endroits des cataractes, le lit du fleuve se trouve quelquefois à sec dans une étendue souvent considérable, les eaux disparaissant après s'être frayé un passage par des canaux souterrains : sous les rochers qui, comme des digues, joignent les îlots entre eux, se trouvent des excavations où l'eau s'engouffre, faisant entendre un bruit assourdissant, tandis qu'extérieurement il ne reste que très-peu d'eau, surtout dans la saison de la baisse.

De Kartoum à Assouan, on rencontre un grand nombre de *cataractes*, de *rapides* et de *passes étroites* entre les montagnes qui côtoient le Nil. Ces cataractes ne ressemblent pas à ces masses d'eau qui se précipitent sans se diviser, comme celle de Niagara en Amérique, d'une hauteur de 100 à 140 pieds; ce ne sont en grande partie que d'innombrables petites cascades qui tombent par gradins, formant un archipel d'îlots et de rocs qui rétrécissent le lit du fleuve, et qui font que les courants acquièrent une vitesse plus accélérée. Les gradins les plus redoutés et les plus difficiles à franchir sont dans le *Batn-el-Haggiar*, c'est-à-dire en arabe le ventre ou la contrée pierreuse. Les cataractes et les rapides du sud au nord, en partant de Kartoum jusqu'à Assouan, sont : 1° *Gebel-Gerry*, 2° *Wady-el-Homar*, 3° *Kabel-Abt*, 4° rapides à l'île *Argo*, 5° *Hannek*, 6° *Taghiab*, 7° *Kegbar*, 8° *Dahl*, 9° *Songk*, 10° *Tangur*, 11° *Ambukol*, 12° *Skadrap*, 13° *Semnah*, 14° *Wadi-Serra*, rapides, 15° *Sully*, rapides, 16° *Wadi-Halfa* ou la cataracte de *Abkha*, 17° *Assouan*.

Le désert de Bongola, quoique offrant des haltes fréquentes tout près du fleuve, n'en est pas moins très-pénible, car il est aride et montagneux. La nature environnante est morte et triste :

> . . . . . . Natura deside torpet
> Orbis, et immotis annum non sentit arenis,

disons-nous avec le poëte (1)!

Son Altesse le vice-roi franchit sur un bateau de petite dimension plusieurs cataractes, avec une intrépidité et un sang-froid rares, qui faisaient l'étonnement des gens du pays, habitués cependant à affronter les dangers, qui sont

---

(1) La ville de Dongola, *Dongola-el-Agiaza*, était dans le temps la plus florissante de la contrée nubienne. Eber-Selim, Abou-Salah, Edrisi, El-Macin, Ebn-Batuta, Macrizi, Aboul-Féda et Bakni, historiens ou annalistes arabes, parlent avec d'intéressants détails de la Nubie, de ses habitants, tous chrétiens, et des premières conquêtes des musulmans sous Amra et Ali-Pacha, an de l'hégire 31, 651 de l'ère chrétienne. V. le bref et élégant voyage de *Hoskins*, dans son voyage à Méroé.

imminents entre les blocs et les masses de granit, et parmi les courants et les contre-courants du Nil. Le Vice-roi, dans cette circonstance, ne permit de le suivre qu'à trois ou quatre personnes de sa suite.

A Assouan, nous descendîmes la cataracte en bateau. Nous étions quatre personnes; M. de Lesseps, M. Popolani, M. Motel-Bey et moi. Au passage du rapide, où l'eau bouillonne avec fracas par suite des courants et des contre-courants opposés, on est, je ne dirai pas effrayé, mais surpris, anéanti presque, par l'imposante nature dont on est entouré : un gouffre d'eau et des abîmes au milieu des blocs et des rochers granitiques!

Le bruit effrayant qui, tout près de la cataracte, transporte d'étonnement, ne tarde pas à être oublié, pour de plus sublimes sensations. A peine est-on engagé dans le passage escarpé, difficile, étroit, et très-coupé de débris de rocs pointus, qu'on se demande tout étonné comment on a pu se risquer au milieu d'un gouffre si épouvantable; on n'a pas même alors le moment de se recueillir quelques instants, afin de s'armer du courage nécessaire dans cette circonstance. En essayer une description fidèle, ce serait s'imposer une tâche impossible. L'effrayante réalité l'emporte sur la plus vive imagination ; l'esprit demeure accablé. On ne saurait concevoir un spectacle pareil; il faut l'avoir contemplé !

A peine eûmes-nous franchi ce passage, que j'écrivis au crayon les vers suivants, en souvenir de ces lieux que je n'oublierai jamais!

No, parola non v'ha — che più sublime
Più grande è nel terror, l'orrenda vista,
Qual tra vortici appar la fragorosa
Onda sull'onda che ribolle e freme!
No, tema non v'ha... tu resti immobile
Esterrefatto, mutolo, compreso
Quando varcato tormentoso il flutto
Suprema emozion t'esalta in uno
Il commosso, nervoso, interno senso.
Granitiche, nericcie, orride rupi
E scogli, e sassi ti fiancheggian nudi.
Tutto, tutto t'impone! In me soltanto
Dell'Etna ardente, e del terribil passo
Di Siene antica, rimarrà scolpita
Indefinita, la memoria, e il loco.

Son Altesse le vice-roi, activant sa marche, nous devança de quelques jours, et put faire son entrée au Caire, vers la fin de février.

S. Exc. Zulfikar-Pacha, Mahmoud-Pacha, Hassan-Pacha, Raghib-Pacha, Ismaïl-Pacha, Selim-Pacha, Sabit-Bey, Ratib-Bey, Ibrahim-Bey-Nabarawi, Moustapha-Vehby-Bey, Nanna-Effendy, M. de Lesseps, M. Popolani, M. Arakiel-Bey, M. Motel-Bey, M. Dranetit-Bey, qui suivit aussi au Fazoql, Mohammed-Ali, accompagnèrent Son Altesse pendant tout le voyage. Ismaïl-Pacha le Ferick, à la tête d'un millier de soldats, escorta le Vice-roi pendant tout le voyage, et sut toujours, dans les chemins difficiles et pénibles, surtout dans ceux du Dongola, disposer sa marche sagement, régulièrement et avec prévoyance. Selim-Pacha, qui commandait aussi un détachement de soldats, nous accompagna avec D. Moustapha-Effendy, et M. Ban, pharmacien. Le reste de la petite armée dirigé par Moustapha-

Pacha, suivi de M. le docteur Nermanovich, médecin en chef, et de M. Vernoni, pharmacien, nous attendait à Korosko.

Avant de dire adieu à ces contrées éloignées, il faut ajouter qu'il entrait dans les projets du Vice-roi de rapprocher les provinces soudaniennes de l'Égypte, centre du pouvoir, mais il fallait traverser le désert de Korosko (1). Son Altesse s'est aperçue facilement des difficultés inhérentes aux lieux, ou pour un chemin de fer, ou pour un canal coupant le désert, ayant pour but d'éviter les détours et les cataractes du Nil. Ces cataractes et ces plateaux de granit, la main de l'homme ne pourra jamais les détruire, et tout ce qu'on tenterait pour amoindrir une chute ne ferait qu'augmenter la suivante, comme cela est arrivé à Ambal, où l'on a dû renoncer aux travaux ordonnés par Mohammed-Ali : ces cataractes, je le répète, qui ferment la libre navigation du Nil pendant les deux tiers de l'année, empêchent tout le bien-être des populations riveraines, et les régulières communications entre la Nubie, le Soudan et l'Égypte. M. Brun-Rollet (*le Nil Blanc*), enthousiaste pour établir un chemin de fer entre Assouan ou les rives des Barabras et la province de Berber, chemin qui aurait de 320 à 500 kilomètres, s'exprime ainsi : « Il faut jeter un pont sur ces déserts, qui ont, comme l'Océan,

---

(1) Dans le désert, le Vice-roi fit suspendre le voyage de M. Mougel-Bey, qui, avant d'arriver à Korosko, visitant le *Wadi-el-Alloghe*, d'où découlent les eaux dans le Nil pendant la saison des pluies, par la pente naturelle du désert, avait l'intention de projeter un plan de canalisation.

leurs tempêtes dévorantes ; il faut que nous puissions, comme l'hirondelle, passer dans ces lieux, où l'imagination ne nous représente encore qu'ossements humains et caravanes englouties sous les vagues de sable qu'a soulevées le simoun ; il faut employer le géant industriel, il faut la vapeur ! Un chemin de fer reliera le Soudan à l'Égypte, dont les frontières se trouveront reculées jusqu'aux sources de ses fleuves, et lui rendra tributaires tous les peuples d'en deçà du Niger. Si l'on y ajoute ensuite un service de paquebots, Kartoum sera à quatre jours d'Assouan et à six jours de Bournou. Alors l'Afrique centrale n'aura plus de secret pour la science, et ses peuplades ne seront plus sauvages. »

Pour le moment, Son Altesse s'est arrêtée à ordonner la construction de petits bateaux à vapeur ; la marche des affaires fera ressortir le besoin de la réalisation d'autres projets, qui, pour être justes et grandioses, n'en offrent pas moins des difficultés presque insurmontables.

Au temps donc et à l'expérience d'amener l'heureux moment où il sera donné au monde entier de voir les sauvages noirs du centre de l'Afrique fraterniser avec les races blanches des autres contrées dans le temple de Psamméticus. *Nil difficile volenti !*